NOTICE

SUR

LOUIS XVIII

LE LÉGISLATEUR

LOUIS-LE-GRAND

DEUXIÈME DU NOM.

A PARIS,

IMPRIMERIE DE JULES DIDOT AINÉ,

IMPRIMEUR DU ROI,

Rue du Pont-de-Lodi, n° 6.

—

1825.

NOTICE

SUR

LOUIS XVIII

ROI DE FRANCE ET DE NAVARRE.

Louis XVIII est mort: il est allé prendre place aux côtés de ses pères dans les froides demeures des rois qui ont vécu. Grand dans l'adversité, et ce qui est plus admirable encore, grand dans la prospérité, il a traversé la vie comme un roi digne d'être roi.

Louis-Stanislas-Xavier de France naquit, au château de Versailles, le 16 novembre 1755. Il eut pour père ce grand dauphin, fils de Louis XV, dont, tant il étoit vertueux, la France devroit porter éternellement le deuil. Ce prince, qui promettoit un roi illustre et bon, mourut à la fleur de l'âge, et de cette époque funeste doit dater la révolution. Louis XV, aïeul de Louis-Stanislas, lui donna en naissant le titre de comte de Provence, sous lequel il fut connu jusqu'au jour où il monta au trône, sous le nom de Louis XVIII.

L'enfance de ce prince ne fut remarquable que par la précocité de son esprit. Dans ce royal enfant on démêloit déja ce caractère méditatif et profond qui devoit en faire un jour un si grand homme ; car à qui donc les nations décerneroient-elles cette épithète majestueuse de grand, si ce n'est au roi législateur ? La valeur, les conquêtes, font la gloire, mais la législation habile et sage seule doit faire la véritable grandeur. Tous les peuples applaudissent à la victoire : le Français sur-tout chérit l'éclat brillant du courage ; il aime que ses rois se battent et triomphent ; il aime que le pavillon de France se déploie si haut et si grand, qu'il soit le plus illustre ; il aime enfin que ses rois protègent les rois. Mais si l'héroïsme militaire attire ainsi bien des hommages, les nations sont assez justes, assez amies d'elles-mêmes, pour ne pas refuser leur admiration aussi bien que leur amour au monarque juste et sage qui, pesant avec mesure les changements arrivés dans les besoins de ses peuples, et se plaçant à la tête du mouvement imprimé à l'esprit humain par le temps et la civilisation, se montre habile à régénérer l'état, à reconstruire l'édifice en ruines : et voilà ce qu'a fait Louis XVIII ; et voilà ce dont la postérité doit lui tenir compte. Vous, vieux amis de la révolution, qui si long-temps avez poursuivi la vie de Louis, et qui naguère encore viviez de ses bienfaits ; vous, nobles guerriers, qui vous êtes tant chargés de gloire sous les couleurs de Bonaparte, qui pendant vingt ans avez vécu de victoire ; vous que la patrie révère comme ses héros ; et vous reste honorable d'une antique et fidèle noblesse, qui, bravant l'exil et la mort, avez suivi aux terres étrangères le roi que vous aimiez, le roi qui vous aimoit, vous tous enfin, Français, réunissez-vous pour être reconnoissants ; élevez une statue à Louis le législateur, à LOUIS-LE-GRAND, deuxième du nom ; faites, comme le grand siècle, un grand acte de reconnoissance envers votre grand souverain :

Rome accordoit à ses empereurs le rang auguste de dieux ; mais nous, dont la foi sainte a su faire le partage du ciel et de la terre, nous n'élevons nos illustres qu'à la dignité de grands hommes ; nous les montons bien haut dans l'histoire afin qu'ils servent de modèle, d'exemple et d'encouragement à ceux qui viendront après. Soyons donc justes envers Louis ; que notre reconnoissance ne soit pas stérile ; que les traits du monarque législateur passent fidélement à la postérité , et que nos derniers neveux s'écrient : Heureux l'âge où vécut Louis XVIII ; heureux le siécle qui sut apprécier ce grand homme.

La période qui a précédé celle où la révolution est venue désoler la France étoit une période de littérature et de beaux-arts , d'impiété et de cynisme. On vantoit avec beaucoup d'esprit une fausse et absurde philosophie; on se rioit trop des choses saintes ; Dieu étoit trop absent et des bouches et des cœurs ; l'immoralité, sous les gazes légères mais brillantes de la galanterie, inspiroit les plus aimables folies. Au milieu de cette dégénération morale, quelques hommes cependant conservoient le goût pur, l'esprit juste et vrai, le bon génie du siécle de Louis XIV. A la tête de ces hommes se distinguoit M. le comte de Provence. Son caractère ferme et élevé ne briguoit pas le luxe d'une brillante renommée , il se contentoit de la gloire plus solide , mais moins éclatante, d'obtenir l'admiration de ceux qui étoient admis à son intimité , et sur-tout de posséder le témoignage de sa conscience , conscience si loyale à laquelle notre pays doit tant. C'est durant cette époque paisible de sa vie qu'il a su acquérir cette vaste érudition qui l'a placé au nombre des savants parmi les hommes, comme sa haute sagesse l'a élevé au rang des grands rois parmi les rois. Un des caractères distinctifs de son genre d'esprit étoit cette pureté de langage, cette précision, cette netteté de pensées et de phrases qu'on remarquoit dans ses discours comme dans ses écrits. Ses idées, ses expressions étoient simples, mais belles; elles étoient sans faste, sans prétention. Ce prince possédoit à fond toute la latinité; il appliquoit souvent les plus heureuses tirades des poëtes latins; comme César, il étoit l'ami de Virgile et d'Horace. Aussi ce monarque a-t-il eu la gloire d'inspirer le publiciste distingué qui vient de réunir, en un même corps d'ouvrages magnifiques, tous les classiques latins : il falloit une aussi haute protection pour oser une telle entreprise.

C'est au milieu des doux loisirs de l'étude et de la poésie que vint le surprendre cette révolution dont l'ombre seule encore effraie notre mémoire. Contraint par l'ordre du roi et la nécessité des choses, il se vit obligé de quitter la France. Repoussé par un peuple en démence, proscrit par des factieux, sa grande ame n'aspiroit qu'à pardonner. En quittant le sol natal, en fuyant la patrie, il s'écrioit encore : Mon

Dieu , protége la France ! De ce moment commença pour lui une longue suite de vicissitudes et de malheurs.

La naissance d'un dauphin avoit éloigné Louis d'un trône auquel un instant il sembloit destiné; mais la révolution fit agir ses bourreaux, un roi martyr, un roi enfant, tombèrent sous la double hache du crime, et la couronne de France échut à Louis XVIII. Il étoit proscrit lorsque la mort de son frère et de son neveu lui laissa un simple héritage ; il étoit proscrit, mais il se souvint qu'il étoit fils de saint Louis , et que le Dieu de ses pères, comme toujours, régnoit encore au ciel. Entouré d'une poignée de sujets fidèles, il tenta de regagner la France; mais cette ardeur chevaleresque vint échouer devant le courage trompé des soldats de la convention ; c'est alors que, se retirant devant l'esprit révolutionnaire qui couroit après lui pour l'assassiner, d'états en états, il fut aux confins de l'Europe, sous le climat glacé de la Russie. Quelques rois le traitèrent en roi, quelques rois le traitèrent en étranger et en inconnu ; il fut persécuté par un seul, et ce n'étoit qu'un accès de folie. Ces longs jours de malheurs furent pénibles à passer. Chassé brusquement des états d'un prince puissant, il reçut ordre de partir sous vingt-quatre heures. Ce jour , par un hasard déchirant , se trouvoit être l'anniversaire de la mort de Louis XVI ; et il appartenoit à Louis XVIII de célébrer pieusement cette funeste journée. Tout entier à ses douloureux souvenirs , il ne voulut pas manquer au devoir que lui inspiroit sa religion: aussi le roi de France protesta qu'il ne partiroit que le surlendemain , et la volonté du despote fléchit devant le juste en exil. Un homme vulgaire auroit succombé sous l'adversité qui pesoit sur lui ; mais Louis étoit fort de son Dieu et de sa vertu. Forcé de traverser à pied, sans guide , une contrée sauvage , couverte de neige, Louis XVIII, appuyé sur le bras de sa fille , de cette femme-ange que la France et l'Europe vénèrent , ne laissa jamais échapper un mot de plainte. Attendons tout , disoit-il , du temps et de la Providence. Un jour , j'en conserve la douce espérance , je pourrai pardonner à mes ennemis ; je pourrai abriter ceux qui m'ont chassé du palais de mes pères , et réaliser sur-tout le bonheur de la France, qu'un Bourbon aime tant à rêver.

C'est dans l'une de ses retraites en Prusse que Bonaparte lui fit offrir de renoncer au trône de France ; on sait sa noble réponse. Dieu l'a bien grandement récompensé. Cependant chassé du continent par le fait d'une politique honteuse, il s'embarque et gagne les rivages de l'Angleterre. Ce peuple de Bretagne, si grand par son caractère, accueille l'illustre exilé et le loge sous les frais ombrages de Gosfield-holl. Plus tard Louis XVIII fut s'installer à Hartveld. Dans ces deux charmantes retraites il vécut en savant et en sage. Il s'adonna à l'étude des passions humaines, et chercha sur-tout l'application des idées nouvelles dans la théorie des gouvernements. C'est là que, guidé par la sagesse du malheur autant que par les nobles inspirations de son cœur, il écrivit cette charte immortelle qui l'a fait législateur, cette charte qui a su placer dans l'accord le plus parfait et le pouvoir du trône et la liberté du peuple.

Durant cet exil, ces malheurs sévères du meilleur des rois, voyons ce que devenoit cette France si dépouillée et si sanglante.

Tourmentés de la fièvre de liberté, les peuples s'agitoient dans un délire frénétique. Ce délire, fruit de passions trop violentes, a la propriété expresse de troubler leur raison : c'est une folie qui attaque leur esprit. Dans des fantômes bizarres, ils croient voir des images vraies, des représentations fidèles : ils sont ainsi abusés cruellement par la maladie ; mais ce qui frappe de plus de douleur l'ame du philosophe occupé à considérer ces dérangements sociaux , c'est la certitude acquise par l'expérience que le mal ne peut cesser que par une crise violente, crise funeste pour la plupart du temps à presque toute une génération. La mort réclame trop de victimes à-la-fois dans les révolutions des empires : elle veut sa part trop large ; elle ouvre d'immenses tombeaux qu'il faut des peuples pour combler.

La France étoit lasse d'être heureuse. De quoi les hommes ne se fatiguent-ils pas? Elle avoit tout pour elle , gloire , puissance, prospérité , bon roi. Les nations étrangères tour-à-tour la prenoient pour arbitre et pour modèle ; sa marine reprenoit une nouvelle vie ; le port de Cherbourg alloit embellir nos côtes et augmenter nos retraites maritimes ; la France alloit de nouveau se mesurer au pair avec les forces anglaises : déja d'Estaings avoit ranimé notre vieille gloire maritime. Le roi ne vivoit que pour ses sujets : comme un simple bourgeois, il économisoit sur sa maison et sur lui-même pour soulager le trésor obéré. Dieu seul cependant étoit négligé par le peuple et les grands, et peut-être cet abandon coupable et sacrilège

est-il la cause secrète de cet horrible aveugle-
ment qui nous a précipités dans l'abyme ; les
autels étoient déserts ; vainement l'homme du
Seigneur appeloit les fidèles à la prière, on
rioit de son zéle, on persifloit sa foi. Tout
tendoit à l'athéisme, excepté cependant le
souverain et sa famille. Du haut de son trône
Louis faisoit digue à l'impiété ; il se tenoit ferme
contre tous, et son appui alloit relever la
religion, lorsque lui-même vint à tomber sous
les coups de l'impiété et de l'anarchie. Cette
époque, qui, à proprement parler, est le temps
des ruines, se peignit de couleurs horribles !
Dieu fut chassé de la France. On osa l'exiler avec
des hurlements ! Un Institut qu'on nommoit national, une Académie inconcevablement athée
lança un anathème contre le vertueux Ber-
nardin de Saint-Pierre, qui s'obstinoit à croire
qu'il existoit un Dieu créateur, rémunérateur
et vengeur. La vertu devint crime, le crime
devint vertu. Le père se fit gloire de proscrire
son fils, le fils triompha en frappant son père.
Les sacrifices humains avoient recommencé,
et l'esprit barbare de nos vieux druides sembloit
agiter leurs enfants, et tout cela c'étoit le fait
de quelques hommes qui s'étoient constitués
accusateurs, juges et bourreaux, et qui, par

plaisir , s'amusoient à assassiner la nation au nom de laquelle ils gouvernoient. L'Europe étonnée avoit levé des milliers de soldats, et les avoit étendus en barrière le long de nos frontières ; car la France étoit la pestiférée des nations. On vit alors ce que peut le courage du Français quand il croit combattre pour sa patrie. Les gouvernements appellent les peuples aux armes. Ils disent que l'étranger vient ravager nos provinces ; qu'il marche le fer et le feu à la main ; et, dans un décret révolutionnaire , ils déclarent la patrie en danger. Ces proclamations sont à peine connues, que les armées se forment , courent aux frontières , et repoussent avec bravoure les masses du Nord qui vouloient nous envahir. Ces victoires ne profitèrent qu'à la gloire de nos armes ; car la France , toute victorieuse qu'elle étoit , ne laissoit pas que d'être esclave de la plus vive tyrannie. Robespierre , ce conventionnel farouche, ce boucher d'hommes , marquoit avec le sang des victimes du jour les portes des victimes du lendemain. On ne marchoit que sur des cadavres, et chaque matin, en se réveillant, on s'étonnoit de vivre encore. Telle régnoit la convention; assemblée monstrueuse dans sa formation comme dans son pouvoir, elle a commis tous les crimes dont son imagination a pu lui fournir l'idée. Elle a décimé son pays en ce qu'il avoit de plus illustre et de plus innocent. Sous son empire il suffisoit d'être criminel pour être absous, comme aussi il ne falloit qu'être juste et innocent pour être condamné : et, pour combler la mesure, elle s'éleva enfin jusqu'au régicide, — ce déicide de la terre. — Fantôme sanglant, le génie de l'histoire t'évoquera un jour à son tribunal ; et justes envers toi, nos petits-neveux t'accableront de mépris et de malédictions : ils t'imprimeront le sceau de réprobation, comme jadis Dieu marqua le front de Caïn. Toujours... toujours.. tant que la terre portera des hommes, les conventionnels seront les réprouvés des nations : leurs noms, frappés d'un signe sanglant, chercheront vainement à se dérober sous le double manteau du temps et de l'oubli. Les souvenirs de tous s'attacheront à eux, et ne les laisseront jamais se perdre dans cet oubli, ce mystère dont vainement ils voudroient se couvrir. Il est des crimes dont il n'est pas donné à l'homme d'absoudre les coupables auteurs. Dieu seul s'est réservé assez de vertus pour les pardonner.

Les peuples se lassèrent enfin de tomber victimes des agents de leur propre pouvoir ; ils levèrent un bras irrité, et les plus sanguinaires payèrent un tribut à la justice des hommes. Sur les ruines de la convention s'éleva un pouvoir plus régulier et plus humain; le directoire fut s'installer au vieux palais des rois, et la nation lui obéit machinalement parcequ'elle vouloit obéir, et qu'elle ne savoit où porter ailleurs sa facile et bonne obéissance. Ce gouvernement éphémère, bientôt accablé sous le poids de l'opinion publique, qui, toujours croissant, remontoit à la monarchie, céda le sceptre sans résistance à quelques ambitieux qui se fabriquèrent les chaises curules, les faisceaux et la pourpre consulaire des antiques Romains. Dès-lors on ne jura plus que par la vieille Rome, et beaucoup s'affublèrent des noms fameux de Brutus ou Cassius. Bonaparte qui revenu d'Égypte avoit conquis les suffrages de la France en frappant à mort le directoire, se crut bientôt appelé à de plus hautes destinées; le haut rang de consul n'avoit servi qu'à enflammer son ambition : il vouloit le trône. La France meurtrie, sanglante, lasse de tant d'essais inutiles, demandoit enfin l'ordre et la paix. Au fond des ames déja germoit le regret des rois. L'épée de Bonaparte étoit glorieuse, elle brilloit plus que toutes les autres, il l'offre à la France pour la protéger et la défendre, la

France l'accepte, et le premier consul se nomme empereur, se couvre de la pourpre souveraine, et l'état, délivré de la liberté, pousse un long cri de joie. Maître d'une puissance qu'il savoit bien ne tenir que de cette lassitude et de ce besoin de rois qu'éprouvoit la France, il voulut tenter de légitimer son pouvoir, et, pour le faire, il se jeta dans les expéditions militaires, avec lesquelles il vouloit fasciner l'esprit des peuples. Ce moment fut brillant et pour lui et pour nous. De toutes parts s'élançoient des rangs de nos armées de jeunes braves, de jeunes héros, qui tous, asservis sous le génie puissant de Napoléon, en passant, pour lui faire hommage, jetoient leurs lauriers à ses pieds. Tant de nations étoient vaincues, tant de peuples s'humilioient devant nous, que l'orgueil français, flatté de tant de gloire, élevoit jusqu'aux nues son nouvel empereur. Du nord au midi Napoléon marchoit de conquêtes en conquêtes : tout lui réussissoit, et, en courant, il jetoit les rois sur ces trônes conquis que son épée venoit de rendre déserts. Son génie étoit brillant, il faut l'avouer : homme extraordinaire, un moment on le crut vainqueur de tous les obstacles, et son trône s'appuyoit sur tant de victoires qu'il sembloit désormais inébranlable. Mais la cause des Bourbons étoit la cause de Dieu même, pouvoit-elle jamais être perdue ?

Le siècle avançoit, et avec lui amenoit d'autres destinées : les événements se multiplioient, s'entassoient; d'un pas hardi Napoléon s'élançoit à la conquête du Nord ; la moitié de l'Europe marchoit sous ses drapeaux ; tout d'un trait il arrive à Moscou, et comme César, il put s'écrier: *Veni, vidi, vici....* Mais c'étoit là le terme de sa fortune: les éléments viennent au secours de la Russie; le froid glace nos soldats, des bataillons entiers meurent debout et en bataille. On dit que tout morts qu'ils étoient, de loin encore ils effrayoient l'ennemi. L'armée se retire en désordre: poursuivie par les Russes, elle éprouve bientôt la défection de ses alliés, tout conspire contre elle.... Quelques foibles débris regagnent les villes de France, et vont raconter dans leurs foyers leurs victoires et leur défaite. L'entreprise n'étoit pas achevée, Napoléon et son ambition n'étoient pas vaincus, l'Europe n'étoit pas délivrée, les Bourbons encore étoient en exil... Dieu parle alors... Les nations se lèvent, se joignent, font masse, s'avancent, et viennent écraser le colosse devant lequel naguère elles trembloient toutes. La France frémit du poids de tant de peuples tombés sur elle : ébranlée, elle crie, et un instant les nations chancellent ; mais la justice de Dieu devoit s'accomplir ; les hommes du Nord reprennent force, de nouveaux peuples accourent et viennent échelonner les armées d'occupation : l'aigle alors prend son vol, il quitte la France, et va se réfugier sur le sol aride de l'île d'Elbe.

Occupée par plus d'un million de soldats, la France alloit peut-être se devenir étrangère à elle-même : les vainqueurs pensoient insolemment à la partager, lorsque du fond de son exil, Louis entend l'appel que lui fait la France, et, quittant les frais ombrages de Hartveld, débarque aux rives de France tenant dans ses mains l'olivier de la paix, et portant dans son cœur le bonheur de la patrie... Il vient, et sa présence seule a refait la monarchie ; a redonné vie à la France. De toutes parts on accourt, on se presse autour de lui. Pendant vingt ans on avoit proscrit sa tête ; pendant vingt ans il avoit été méconnu ; sa famille étoit tombée sous la hache des bourreaux : il revient, et dans son cœur il ne trouve plus de souvenir de ses malheurs passés. Seulement il a gardé la mémoire de l'amour que les Français gardoient à ses aïeux, et de l'amour que ses aïeux portoient aux Français. Comme Henri IV il s'écrie : Heureux le souverain qui est appelé à faire le bonheur de son peuple. A peine assis sur son trône, Louis pardonne en masse à tous les hommes qui l'ont outragé; il fait plus, il les cherche, il les compte, et les comble de bienfaits. Tout alloit bien, tout marchoit hardiment vers la paix et la prospérité publique; mais soudain un cri de guerre se fait entendre vers les côtes du Sud. A ce cri ont répondu des hommes égarés, des soldats trompés. C'est Napoléon qui a voulu ressaisir sa puissance; et ce sont ses satellites qui le portent à Paris, le paradent au champ de mai, se battent et meurent à Mont-Saint-Jean, à Fleurus, à Waterloo. Cent jours voient commencer et finir ce drame éphémère. Dans ce court espace de temps, de nouveau on a calomnié et proscrit le roi : il revient, et il pardonne encore. En fait de clémence, comme dans l'amour qu'ils portent à leurs sujets, l'ame des Bourbons est inépuisable : Louis XVIII pouvoit reprendre ses bienfaits dont on ne lui avoit tenu compte qu'en ingratitude ; il pouvoit restreindre une liberté dont on avoit abusé : mais non, il se montre grand ; il pardonne. Un voile s'étend encore sur le passé, et ce voile c'est la main du roi qui le jette sur les erreurs de ses sujets. La France enfin sentit tout le prix de son roi, toute la valeur d'un Bourbon ; elle s'unit dans son amour pour lui. Le commerce se reléve, l'agriculture fleurit, et l'argent circule dans toutes les classes. Le règne de Louis approchoit de sa fin ; déja, depuis plusieurs années, de graves infirmités mena-çoient sa vie ; mais il devoit être encore le pacificateur de l'Espagne, sa mission n'étoit pas faite. Le ciel inspire Portal, et Portal un moment arrête la mort qui alloit frapper le roi. Cette vieille et orgueilleuse Ibérie plioit sous le joug de la révolution, son roi captif ne pouvoit plus rien pour ses peuples ; Louis XVIII entend les plaintes du peuple et les plaintes du roi, il commande à ses vaillantes armées, il dit à son noble fils d'aller sur ce nouveau théâtre se montrer encore un héros et un sage ; il commande.... et une seule campagne délivre et l'Espagne et Ferdinand. De la torche révolu-tionnaire il ne restoit qu'une étincelle, et cette étincelle brilloit encore à Cadix ; nos soldats marchent, attaquent et prennent Cadix l'impre-nable, et, sur ses remparts, un grenadier de France souffle ce dernier reste de l'incendie. Ce grenadier c'étoit un fils de France. Ferdinand ramené en triomphe dans sa capitale, reprit aussitôt les rènes de l'état, et M. le Duc d'Angoulême revint au doux pays de France jouir de toute la joie d'un peuple qui chérit également et ses princes et la gloire. Les cris de victoire retentissoient encore alors que Louis XVIII sentit approcher sa fin. A sa dernière heure, qu'il envisagea sans effroi, il voulut qu'assistât sa famille : il la bénit et lui légua, pour le réaliser, le bien qu'il n'avoit pu faire, la vie lui ayant manqué. Louis XVIII est mort le 16 septembre 1824, à 4 heures du matin, en chrétien, en roi, en homme. La patrie en deuil s'est assise sur sa tombe.... elle pleure. La postérité va parler de Louis XVIII ; elle n'en dira que des choses glorieuses : elle le jugera et le placera au rang des grands rois, des bons législateurs, et, ce qui est plus digne d'admiration, elle le citera comme un homme vertueux.

Louis XVIII est mort : nous n'avons plus rien de lui que ses bienfaits et ses cendres. Du séjour des bienheureux, qu'il veille encore sur nous ! Qu'il soit le protecteur, l'ami, le père de cette France si bonne et si fidèle ; de cette France qui a pu être trompée, mais qui jamais ne fut coupable; qu'il soit pour elle le médiateur divin ; qu'il lui obtienne un regard bienveillant du Dieu de Charlemagne et de saint Louis.

Je croirois manquer à mon cœur autant

qu'aux grandes espérances de mon pays , si je n'élevois jusqu'au nouveau souverain les vœux que les peuples forment pour son règne : déja ils saluent CHARLES X des épithétes gracieuses de DOUX , de BON , d'AIMABLE, et d'AIMÉ. Déja la nation confiante en son CHEVALIER, et sûre de son bonheur, pousse vers l'avenir de nouveaux cris de joie. Avec délice elle perce le voile de ce lointain avenir, car elle ne voit que nouvelle gloire, que nouveau bonheur à espérer. O mon pays ! ô belle et magnifique France ! naguère tu as mérité par tes exploits qu'on te nomme la grande nation; mais les Bourbons sont venus, et l'Europe a dit : L'HEUREUSE NATION ! Jouissez de vous-même, ô mon roi! jouissez de votre fils, jouissez de sa gloire, de sa sagesse , mais jouissez aussi de tout l'amour d'un peuple ivre de vous.

NOTA. Je propose à mes concitoyens de se réunir et d'élever un monument national à LOUIS XVIII, à LOUIS-LE-GRAND, deuxième du nom. La France doit cet hommage à son législateur. Il ne m'appartient pas de me mettre à la tête d'une telle entreprise, je suis trop petit dans le monde ; mais il m'appartient d'y concourir un des premiers, je suis assez grand pour cela. Qu'un homme de génie , que M. le vicomte de Chateaubriand , ce demi-dieu de notre littérature , veuille imprimer le mouvement; qu'il propose, et les Français, si enthousiastes de son génie, accueilleront avec transport une souscription qui flatteroit leurs cœurs et leur gloire. Il seroit beau de voir ainsi une grande nation témoigner sa reconnoissance au roi qu'elle vient de perdre. Il seroit beau , au milieu de la joie publique, de faire si justement la part du prince illustre qui, par ses hautes conceptions, a dominé un siècle qui aspiroit à tout subjuguer : il seroit beau d'annoncer ainsi à l'Europe qu'un Français de plus est allé prendre rang parmi les grands hommes dont s'honore l'histoire.

FIN.

IMPRIMERIE DE JULES DIDOT AÎNÉ,

IMPRIMEUR DU ROI,

Rue du Pont-de-Lodi, n° 6.